AF619974

L'amore non è semplice, è straordinario

Pierandrea Cuboni

Collana Irda

Lulu Press
3101 Hillsborough St.
Raleigh, NC 27607 | U.S.A.

ISBN: 978-1-291-98269-5
Info: www.irdaedizioni.it

Ordini:
www.amazon.com
www.amazon.it
www.lulu.com

Copertina: realizzata da Cristian Verdesca
Direttore editoriale: Francesco Luca Santo

PREFAZIONE

La poesia di Pierandrea Cuboni è essenziale, genuina e emotiva. Un gioco poetico di chiaroscuri si spande per l'intera silloge con la sobrietà tipica del poeta che osserva e deduce senza proporre soluzioni ma soltanto visceralità di sentimento. L'autore è intenso, a tratti romantico ma non perde mai di vista la poesia e la sua capacità di dire senza dover necessariamente divagare oltre l'essenziale. Un'opera di rilievo e di sicuro interesse che si lascia leggere con leggerezza e trasporto.

Nel Mio Cuore

Ti ho cercata tra miriadi di persone,
ti ho cercata nelle splendide albe
che soffusamente annunciavano un nuovo giorno,
ti ho cercata negli intensi tramonti
che spegnendosi annunciavano una nuova notte,
ti ho cercata dappertutto, fino a dove potevo arrivare,
con tutto me stesso,
con la pioggia, con il Sole...con il caos.
Ho fatto silenzio attorno a me,
e ti ho trovato più vicino di quanto potessi immaginare,
eri lì,
semplicemente nel mio cuore.

Pensiero Di Te

Passione interiore,
fuoco del cuore,
dolce emozione,
pensieri che scorrono e mi sorprendono;
sul viso si disegna un sorriso,
pochi istanti,
in cui tutto attorno sparisce,
la gioia rinasce,
il pensiero di te mi rapisce.
Vago per mondi lontani
luoghi d'amore
passan minuti,ore
e rimane l'ardore
di avere l'onore
d'averti con me.

Parlavano

Il Cielo, il Mare, le Nuvole,
parlano una lingua ognuno diversa.
Una lingua che non è la nostra.
Stasera, però, parlavano un'unica lingua,
li capivo anche io.
Parlavano di una meraviglia,
una meraviglia del mondo...
parlavano di Te!

Aire

Nel silenzioso fluire del Tempo,
una sinfonia melodiosa s'afferma,
il bisbiglio delle parole d'amore per te!

Ricchezza

Sono stato ad una cena dei più ricchi del mondo.
Chi aveva banche, chi aziende, chi petrolio,
chi miniere di metalli preziosi,chi il potere su intere nazioni;
io ho parlato loro di Te: mi hanno eletto il più ricco del mondo!

L'Amore

L'amore, talvolta è un gioco,
altre,
un morbido e intenso profumo di rose,
che sa di amaro, aspro,
che sa però, di vero amore!

Se Fossi

Se fossi un pittore, saresti il mio più bel dipinto
Se fossi uno scienziato, saresti la mia più grande scoperta
Se fossi un ingegnere, saresti il mio più importante progetto
Se fossi un cantante, saresti la mia più bella canzone
Se fossi Dio, saresti la mia più splendida creatura

Sono solo un uomo semplice, Tu il mio più grande Amore.

Momenti

Ho cercato a lungo pace,
in un Tempo senza luce.
E' bastata la Tua voce,
il Tuo Cuore, una cornice
che racchiude la mia pace.

Sentire

Il Tuo Profumo Nel Vento
La Tua Presenza Nel Vuoto

Il Mio Cuore Inquieto
Il Mio Spirito Tetro

Il Tuo Viso...Stupore
Il Mio Amore...Un Onore.

Abbraccio

Se Tu fossi qui
in questo momento
vorrei,
con un abbraccio,
trasmetterti
quanto ti voglio bene.
Ti accorgeresti che
non ti voglio bene...
ma che Ti amo.

I Tuoi Occhi

I Tuoi occhi, sguardo intenso,
magnetico ed elegante.

I Tuoi occhi,
emozioni interminabili.

I Tuoi occhi,
un Universo nel quale
dolcemente perdersi ed abbandonarsi.

I Tuoi occhi,
eccellente melodia d'archi
che rapisce e delizia l'anima.

I Tuoi occhi,
un brivido denso
che mi fan sentire vivo dentro.

I Tuoi occhi,
esplosione di gioia del Cuore
che batte forte colmo d'Amore.

Notte Di Stelle

Cosa sono le stelle,
di fronte a Te che brilli di luce splendente,
che attraversa i miei occhi
e fa esplodere il mio cuore d'amore per Te?

Sei

Un Tuo cenno mi illumina,
Un Tuo sguardo mi infiamma.
Un Tuo abbraccio mi rapisce,
Un Tuo bacio mi travolge.

Tu

Sei lago, fiume, oceano.

Sei Lago, nel quale, mi vorrei specchiare
Sei Fiume impetuoso, in cui fluiscono
emozioni che diventando Amore si riversano nell'Oceano
Sei Oceano immenso, in cui mi vorrei inabissare e perdere.

Luce

Sei Luce,
che brilla intensa,
e illumina 'l cielo.

Un colore,
come un velo,
trame fini,
nette, ma leggiere.

Fotogrammi di Te...

Avvolgono gli occhi,
l'anima,
il cuore

e con tutto 'l candore,
lo fanno bruciare
d'infinito amore.

Il Cielo Come Il Cuore

Pioggia,
che lava via i colori del cielo,
che si raccolgono in un lago ghiacciato
e attenderanno una nuova primavera,
per liberarsi ed esplodere.

Avvolti

Fiato che scorre sul collo,
brivido che pervade il corpo.

Sguardo fugace,
ma intenso.
Emozioni che si rincorrono.

Volti che si colorano.

Mani che si sfiorano,
e come nubi, al toccarsi,
l'atmosfera diventa elettrica.

Come un fulmine,
l'energia si sprigiona,
la passione, padrona.

Rimanendo avvolti,
in un Unico universo,
dove spazio e tempo
non hanno senso.

Di Te

Passeggiando,
spensierato, per strada,
con le sole luci che costeggiano la via
ed il bagliore delicato della luna
ad accompagnarmi,

ad un tratto avverto un sibilo interiore,
che proviene dal cuore
e s'accompagna al respiro.
Un fremito forse; un brivido.

E' il dolce ed intenso attimo,
intriso d'amore, di passione;
di gioia e di tenerezza,
del pensiero di Te.

Sorriso

Ci penso e ci ripenso,
potrei dire che il Tuo sorriso è un paradiso,
una gemma o un diamante nel Tuo viso,
già di bellezza intriso.
Dirò che il Tuo sorriso,
non è un sorriso;
è Il Sorriso.

È

Attimo,

attimo che incombe,
attimo che sfugge.

Attimo, un soffio.
Attimo sperato,
attimo desiderato.

Attimo che inebria,
attimo che plasma e fortifica.

Attimo.

Il dolce incontro
tra le tue labbra e le mie.

All'Improvviso

Pensiero di un tempo lontano,
di un posto impareggiabile.
Albe meravigliose
e tramonti da perdere il fiato.
Pensiero di un posto bellissimo,
non è il centro del mondo,
non è una montagna innevata,
non è una spiaggia
con sabbia bianchissima,
non è un mare
dall'acqua limpidissima.
E' tutte queste cose
e molto di più,
è il nostro amore.

Ovunque

Dolce musa,
col tuo leggiadro canto
m'ispiri.

Un canto lontano
che udirei ovunque
a rinnovare la tua presenza.

Presenza speciale.
Sogno,Desiderio e Passione,
che pervade l'animo.

Respiro quest'aria,
colma delle tue sinuose note.
La respiro a fondo,
in una esplosione di gioia.

La respiro col cuore,
che batte forte
e m'accende d'Amore.

Catturato

Ho tanto viaggiato,
visto e immaginato,
vedere il tuo viso
mi ha sorpreso e catturato.

Dolce, semplice, fresco ed elegante,
di una bellezza disarmante.

Basta anche solo uno sguardo fugace,
che questi tuoi lineamenti mettono pace.

Pace della vista, dell'anima e del cuore,
da guardare a tutte le ore.

Queste mie parole,
potrebbero durare ore,
ma non spiegherebbero da sole,
del tuo viso il suo valore.

Breve Infinito

Lacrime,
come piccole schegge di vetro,
in un attimo:
breve ma infinito spazio,
del mio pensarti.

Ho Pensato A Te

Ho pensato all'Amore
Ho pensato al Romanticismo
Ho pensato alla Bellezza
Ho pensato a panorami incantevoli
Ho pensato alla Gioia
di tutte queste cose
Semplicemente: ho pensato a Te.

In Tempo

Come un raggio di sole,
che squarcia e dirada le nubi
riportando il sereno;
ti vedo arrivare.
Finisce la palpitante attesa
e inizia l'immenso
dello stare con te.

Verso Domani

Il timido ticchettio della pioggia,
nella notte,
s'alterna a quello dei secondi,
scanditi dall'orologio,
di la, in lontananza
e mi avvicina all'ingresso della galleria,
alla cui uscita,
ci sarà un nuovo domani.
Luce.
'Notte.

Hai Fatto

Hai spazzato pensieri bui
Hai soffiato via la tristezza
Hai riacceso dolci emozioni
Hai portato colori bellissimi

Hai fatto casa nel mio cuore.

Stella

Il cielo stasera è terso,
con lo sguardo rivolto all'universo,
vedo una per una ogni meravigliosa stella,
di tutte, Tu, sei la più bella.

Granelli

Un deserto di parole,
ogni granello è stupore;
pieno silenzio,
che scalda il cuore.
Pensiero interiore,
che mi parla di te..

Finito di stampare
Nel mese di Settembre 2014

Lulu Press
3101 Hillsborough St.
Raleigh, NC 27607 | U.S.A.

www.ingramcontent.com/pod-product-compliance
Ingram Content Group UK Ltd.
Pitfield, Milton Keynes, MK11 3LW, UK
UKHW020228250726
13967UKWH00001B/259